青春文庫

「思考」の見晴らしが突然よくなる本

知的生活追跡班［編］

青春出版社

はじめに

誰にでも、どう考え、どう決断したらよいか迷う局面は少なからずある。目の前にはたくさんの選択肢。どれが最善の方法なのか判断がつかない……。そんなとき「運を天に任せる」という考え方もある。しかし、それでは根本的な解決につながらない。自信をもって前に進むには、ポンと背中を押してくれるたしかなヒントがほしい――。

本書は、パラパラとページをめくるだけで、深い思考ができる人に共通する〝考え方のコツ〟をつかむことができる。目からウロコの簡単なやり方で、思考の〝見晴らし〟が突然よくなる。

シンプルに考える。前を向いて考える。ちょっとズラして考える。一歩下がって考える……。あらゆる角度から、思考の〝突破口〟が見つかる本――。

あなたの下した決断に、「迷い」と「後悔」がなくなれば幸いである。

2023年7月

知的生活追跡班

「思考」の
見晴らしが
突然よくなる本

目次

制作◉新井イッセー事務所
DTP◉フジマックオフィス

1 シンプルに考える

必勝パターンをブラッシュアップする

自分なりのやり方を確立し、必勝パターンができあがってくると、ラクだからつい、それを踏襲してしまう。前例のないアクシデントが起こっても、過去の成功例を貫き通そうとしてしまう。まさに、思考停止状態である。

大事なのは、目の前の事実と向き合ってよりよい方法を模索すること。必勝パターンをテンプレ化するのではなく、つねに更新して磨きをかけておきたい。

日常の微妙な変化を察知する

ＳＮＳを使いこなせば、世界中の人とつながって自分の世界を広げることができる時代だが、リアルな生活に戻ってみるといつものパターンの連続で、かなり狭い範囲のなかで行動しているという人は少なくない。

だが、同じパターン、同じ範囲で行動することが悪いわけではない。日常生活の定点観測では、微妙な変化を感じ取る感覚が磨かれる。変化したのは気温なのか、人の流れなのか、それとも風景なのか。ささいなことに興味を持つことで思考力はより磨かれる。

あきらめられない心理と向きあう

これ以上、続けてもうまくいかないことがわかっているのに、これまでにかけた労力やお金のことを考えると後に引けない。このような心理を「サンクコスト効果」というが、この状態に陥ってしまったときこそ、未来を冷静に考える力を発揮してほしい。これまでの損得を勘定するのではなく、継続することのリスクと撤退することのリスクのどちらが大きいかを天秤にかけるのだ。

一緒にいても苦しいばかり、だけど別れてしまうとこれまで過ごした時間がムダになる気がする…、とむげに断ち切れない人間関係もこの未来を考える力でコントロールできる。

大失敗したときこそ自分のペースを守り続ける

仕事や人間関係で大きな失敗をしてしまうと、後悔の念ばかりが頭の中をグルグルと渦を巻いて、ほかのことを何も考えられなくなってしまうものだ。

こういうときにやるべきことは、いったん思考を止めることだ。そして、いつもどおりの自分の生活ペースを無理やりにでも守り続けること。起きている間はあれこれ悩んだとしても、夜になるときちんと睡眠をとることも重要だ。

睡眠には、散らかった考えを整理してくれる効果もある。心身を修復させてから、また考え始めればよいではないか。

自分の体力や忍耐力を見極めた戦い方を考える

戦いに勝つには、つねに全力でがんばらなければならないと考える人は多い。たしかに、己に勝つための戦いなら全力を出し切ることも大切だが、相手がいる場合の戦い方となると違ってくる。

ゲームの序盤から全力疾走して逃げ切るのか、それとも相手がくたびれるのを待ってから一気にたたみかけるのか。自分の体力や忍耐力であれば、どのような戦い方が効率的なのかを考え、それを見極めることが勝利への近道になる。

視野を広く主役の前後左右を見る

レジェンドといわれるサッカー選手は、足元のテクニックだけでなく視野が広い。自分のまわりの選手の動きを視野に入れながら、パスの出しどころを瞬時に決める。視野が広いからこそ、多彩なアイデアで試合をコントロールすることができるのだ。

これはどんな仕事にも応用できる。自分の仕事だけでなく、まわりが何をしているのか前後左右を確認していれば、たくさんの情報を得ることができて、多角的なものの見方ができるようになる。絶妙なアイデアは、そんなちょっとした意識の違いから生まれたりするものだ。

集中力に欠けたらPCの整理をする

行き詰まっている状態というのは、いわば頭の中がゴミ屋敷状態になっているのも同然だ。いろいろな考えや思いが捨てられずに積み重なっていて、新鮮なアイデアが入る余地がない。

そういうときは、まず掃除と整理整頓だ。仏教で「身心一如《いちにょ》」といわれるように、私たちの肉体と精神は一体化している。だから、実際に部屋やパソコンの中の不要なモノを捨てるという行動を起こすことで、頭の中も一緒に片づけるのだ。

いったん考えることから離れ、物理的にモノを減らすことで思考はリセットできるのである。

前進しないことに悩まないこと

エジソンは数々の失敗を失敗だととらえず、1万通りのうまくいかない方法を発見したと言った。実現したい課題について考えをめぐらせ、それを実際に試し、失敗の繰り返しも発見につながると思えば、そもそもあきらめの気持ちさえ生まれないだろう。

そしてあるとき、うまくいくひとつの方法に出会う。突然、視界が開けるようなブレイクスルーの瞬間だ。粘り強さの源は、単純な考え方の違いにある。

くだらないことで忙しくしない

すべての仕事に同じ量のエネルギーを傾ける必要はない。本当にやるべきことには100パーセント（か、それ以上）の力を注ぎ、それ以外のことは「これくらいでいいか」レベルでいい。

そうでないと、本来時間をかけなくていいことにまで時間を使ってしまい、毎日終わらない仕事に忙殺されるはめになる。

周囲の顔色をうかがうことはない。ほかに簡単にできる方法はないか、そこまでこだわる必要はあるのかを自問自答しながら、くだらないことに時間をかけない工夫をすることが大切だ。

自分に合っていないと思ったらリセットする

偏差値とか学歴フィルターとか、高学歴でなければダメだとかたくなに信じている人は多い。「高学歴＝稼げる＝幸せな～」という図式を思い描いているからだろう。

たしかに、安定した収入があって生活の基盤がしっかりしていることは、幸せのひとつの要素だろう。しかし、どれだけ人からうらやましがられるスペックを持っていても、合わないことをやり続けるのは苦痛でしかない。

１００人いれば１００通りの幸せのカタチがある。考え方をリセットする勇気を持つことで、見えてくる風景はがらりと変わってくる。

お金に対する考え方を変える

お金はお金、それ自体は汚いものでも悪いものでもないが、人はなぜかそこに色をつけたがる。コツコツと節約して貯めたお金はきれいだが、ギャンブルで手にした大金は汚い。誰かのために使うお金は尊いが、自分の欲望を満たすために払う多額のお金は卑しいとなる。

「苦労して貯めたお金は大切に使うべき」という考え方は、お金を上手にコントロールしているように見えて、じつはお金に支配されている。

考えるべきなのは、お金にまつわる〝気分〟なのではなく、そのお金を効果的に使うことなのである。

世の中で起きていることに正解はない

算数でも道徳でも先生が正解を知っていて、子どもたちはその正解が何なのかを一生懸命に考える。そんな日本の学校の光景を目の当たりにしたあるアメリカ人は「これでは、日本がアメリカの脅威になることはない」と思ったという。

世の中の課題が複雑化したいま、問題解決のための答えはひとつではない。同じ問題であっても、見る人が違えばアプローチのしかたが異なり、そこから導き出される答えも当然変わる。

専門家が言っていたから、新聞に書いてあったからというだけですべてを鵜呑みにせず、自分なりの考えを持つことを肝に銘じたい。

自分の能力を認めてほしいなら人の能力も認める

人間には承認欲求があるからだろうか、誰しも多かれ少なかれ自分の能力を認めてほしいと思っている。だが、ほかに類を見ないくらいの能力の持ち主でない限り、人は周囲と比べて相対的に「できる人」になろうと努力する。ときにはライバルを陥れることもある。

そうした態度は周囲の反感を買い、能力ばかりか人間性まで疑われる。自分を認めてほしければ、まずは他人の能力を認めることからはじめることだ。そうすれば、おのずと順番は巡ってくる。

悩みを棚卸して仕分けしてみる

漠然とした不安や悩みがあって、停滞していると自覚できるのであれば、一度自分自身を仕分けしてみるといい。仕事や家族、恋愛、友人関係など自分の生活を構成しているすべての要素一つひとつについて、〝タグ〟をつけながら整理整頓していくのだ。

整理をしていくうちに、自分の人生を停滞させているボトルネックとなっている部分が見えてくる。それを改善するプランを立てて行動に移してみるのだ。一部の詰まりをなくすことで、全体の流れは間違いなくよくなる。

考え方しだいで不満を抱え込まずにすむ

ミスを発見したときに、人はとっさに「誰のせいなのか」を考える。そして、その反応パターンは3つのタイプに分かれる。

まず、原因を自分以外に求める「外罰的反応」だ。ミスをしたのは上司の判断が甘かったからだ、などと他人を責めるタイプである。2つめは「内罰的反応」で、このタイプは全部自分のせいだと考える。明らかに自分に非がなくても「自分がしっかりしていれば…」と自分を責める。そして、3つめは「無罰的反応」で、人間がやるのだから100パーセントミスは防げないなどと考え、誰も責めない。

ストレスの多い世の中だからこそ、考え方を変えることによってラクになる方法を身につけておきたい。

今日考えて明日アップロードせよ

アウトプットしたばかりの言葉は、とがっていたり、粗削りだったりして修正の余地がある。それはメールやSNSも同じで、書いた後はしばらく寝かせておいて、改めて手を入れることでいい文章になるものだ。

考えたことも同じ。いったんどこかに書いて保存しておき、しばらく寝かせて修正するとよくなる。「今日考えよ、あす語れ」ということわざがあるように、翌日に新鮮な目で見直してみるとよりよい考えになる。

感情をポジティブにするための思考力

イライラする、怒りが収まらないといったネガティブな気分から抜け出せなくなったら、客観的な目線で自分自身を見てみるとよい。

他人事のように自分を俯瞰してみると、イライラしている自分が少し哀れで滑稽に見えてくる。そこで、「大丈夫、これを乗り越えればひと回り大きくなれるから！」と自分に言い聞かせて、心が静まるのを待つのだ。

ネガティブな感情を持ち続けていると、集中力は下がる一方で、人間関係も悪くなるなどロクなことがない。少し強引にでも気分を変えて悪循環を断ち切るにかぎる。

勝負するときはゼロに戻れる覚悟をもつ

チャンスを成功に変えるために大切なのは、いつでもゼロに戻れる覚悟をもつことだ。もし失敗してもゼロからやり直せばいいと腹をくくれば、思いきり挑戦することができる。

たとえ失敗しても、ゲームオーバーというわけではない。ただ振り出しに戻るだけで、ましてや命まで取られるわけではない。失敗したときのことを想定して逃げ場をつくり、安全なほうばかりに舵を切っていたら大きなチャンスはモノにできないし、成功もあり得ない。

根本の原因にたどり着く5WHY分析

トラブルの根っこに何があるのか。表面的な解決ではなく、根本的な原因を究明したいなら、「WHY」を5回繰り返してみるといい。

「なぜ問題が起きたのか↓Aさんが失敗したから」、「なぜAさんは失敗したのか↓仕事に集中していなかったから」、「なぜ集中していなかったのか↓残業が増えて疲れていたから」、「なぜ残業が増えたのか↓仕事は増えたが人が減ったから」、「なぜ人が減ったのか↓好条件の他社に引き抜かれたから」。ここまで掘り下げると、さすがに改善点が明確になる。

単純にAさんに注意したところで、何の解決にもならないことがわかる。

自分らしさという固定観念を捨ててみる

己を知ることは大切だが、あまりにも自分らしさにこだわり続けるのは窮屈だ。

毎日、朝が来て昼になり、夜が訪れるように、この世はつねに動いている。未来を予見することは誰にとってもむずかしいことだが、流れに身をまかせながら自分を変えていくことで窮屈さから解放される。

行動力のお手本ともいえる坂本龍馬は、現実を見ながら物事を考える人物だったという。まず自分ありきではなく、現実ありきという考え方を持つことで、自分らしさという固定観念を手放して、時代の流れに身をまかせることができる。

ネガティブな考えは体を整えることでリセットする

マイナス思考に陥ってしまい、どうしても気持ちが浮揚しないなら体を整えてリセットしてみよう。

ストレスを感じることが多い現代人は、興奮したときに活発になる交感神経の働きが強く、呼吸も浅くなっている。血管も収縮して、酸素不足の状態になっているのだ。

そこで、背筋を伸ばしてイスに座り、お腹が十分に膨らんだりへこんだりしているのを意識しながら腹式呼吸をしてみる。それだけで、沈み込んだ気分が復活する。

同じ目的意識をもったグループをつくれ

物事は最小限の装備で取りかかったほうがいい。同じように組織も全体で動こうとすると修正も大変だが、最小単位であれば小回りが利いて修正や、突然の変更にも柔軟に対応できる。

できるだけ同じ目的意識をもった少数で動けば、思いどおりに動ける。少数精鋭のチームから出た意見を重ね合わせれば、深みのある仕事にもなる。一人ひとりのチャレンジ精神も刺激されるだろう。

結果を出すならキリが悪いところで終わらせる

キリがいいところまでやってから今日は終わりにしよう、と考える人は多い。これは一見正しい判断に見えるが、じつはキリが悪いところでいったん終わらせたほうが、結果的にいいモノができることがある。

中途半端なところで切り上げると、「早く終わらせたい」という欲求が高まって、作業に対するモチベーションが上がる。また、作業をしていなくても「ここはもう少し改善できるかも」などと考え続けることにもなる。それによって、かえっていい結果が生まれることになる。

ゴールを明確にして最短距離でいく

小説にはいろいろなストーリー展開があるからこそ、1ページ目から順にめくって読んでいく。だが、ビジネスを進めるうえで一から積み上げるのでは悠長すぎる。最初に〝ラストシーン〟を読んで、そこに達するために必要なことをするというのがビジネスの正しい考え方だ。

なぜなら、明確なゴールがなければどこに向かっていけばいいのか迷うし、結果が出ないまま、うやむやになってしまうこともある。そんな時間のムダづかいをしているヒマはないのだ。

考え方ひとつで天職にもなる

自分の適性について悩んでいるなら、まずは自分の得意なことに目を向けてほしい。何が得意かもわからないなら、苦労せずにある程度の成果が出せることは何かと考えてみる。

天才的な能力を持ち合わせてはいなくても、それほど苦に感じずに実行に移せる人は多い。人とのコミュニケーションだったり、計算力だったり、モノや情報の整理であることもある。

さほど苦とは思わずにできて、人から「すごいね」と言われることをブラッシュアップして仕事に活かす。きっと自分では見落としている〝何か〟があるはずだ。

休むべきか続けるべきか

休みたい、でも時間がないから休めない…と葛藤しながら仕事をするのは、脳にとっていいことではない。

やる気を起こさせるドーパミンといった神経伝達物質はつねに脳内でつくられているが、タンパク質が不足すると生産がストップしてしまう。このタンパク質を送り続けるためには、心身をリラックスさせる必要がある。

知的な思考力のためにも休息をとるのは正解なのである。

現場でリアルをインプットする

机の上だけで考えたことほど役に立たないものはない。現場で何が起きているのかをその目で見ずに、頭の中だけであれこれ策を練ったとしても自分の知識や経験以上のものは出てこない。

自分に課せられた課題を解決するためには、迷わず現場に足を運んでみよう。そこでさまざまな情報をインプットすることで視界は一気に開けてくる。

風景を眺めるように現実を見る

現実は数字（データ）で表すことができる。戦略をたてるためには過去のデータを解析しておくことは大切なことだが、かといって細かく数字を追う必要はない。

それよりもグラフにしたときのカーブの傾きなどに着目したい。右肩上がりなのか、水平なのか、それともV字なのか…。ぼんやりと風景でも眺めるようにしてたくさんのグラフに当たることで、感じるものがある。

その〝感じ〟から次なる戦略が見えてくるはずだ。

頭の中にスペースをつくるための「忘れる技術」

問題が山積していて、どれから手をつければいいのかわからないなら、すべてのことを書き出して、それをグループに分けてみよう。

ふせん1枚に1つの案件を書き出し、同時並行できるものは重ねる。逆に優先順位の低いものは、いったん目につかないところにやって忘れる。

こうして、思考の妨げとなっていたものを整理し、頭の中にスペースをつくることで考える余地が生まれるのだ。

本当に必要なこと以外は削ぎ落とす

あれこれと欲張る人がいる。このタイプは結局、どれをとっても中途半端に終わってしまい、何ひとつ達成できない。戦略すらたてられないのだ。

たとえば企画書でも、内容を詰め込み過ぎて話が四方八方を向いている。そのために肝心なことが伝わらず、すべてが水の泡になってしまう。こういうときは、芽かき（野菜などの不要な芽をかき取ること）をして、大きな実をつけさせるといい。必要なことだけを残して、そこに全神経を注ぎ込めば説得力は格段に増してくる。

一流になるほど思考はシンプルになる

よかれと思ってあれもこれもと手を出しても、ごちゃごちゃするだけで思ったような成果を上げられないものだ。そこへいくと、つねに結果を出す人の思考や行動は、驚くほどシンプルだ。

複雑な問題に対して、シンプルな方法論で立ち向かえるというのは、全体を正確に把握して、明確に状況分析できていることを表している。必要なことと、優先順位がはっきりしているのだ。

これをマネしたければ、まず全体を俯瞰できる目を養うことである。そうすれば少ない手数で結果を出せるようになる。

2

前を向いて考える

途中でゴールを見失わないために

めざす方向はわかっているのに、いま、何をすればいいのかわからない――。そんなときは、ゴールから逆算して中期的な計画をたてるとよい。

たとえば、2週間後に新しい企画を出すとしよう。①3日前までに企画書の下地をつくる　②5日前までに考えをまとめる　③10日前までで資料を集める…などと、ざっくりとしたスケジュールをたてるのである。そうすれば、いま、何をすべきかが見えてくるはずだ。

あれこれ考えずにまずはやってみるという見切り発車もいいが、途中でゴールを見失い、迷走するリスクもついてくる。

袋小路から抜け出す思考とは？

仕事でも私生活でも、問題にぶちあたって袋小路に入ることはよくある。そんなときは、がむしゃらにがんばるより、少し考えを変えてみてはどうか。

まずは、①無駄なものを見つけて排除する　②同じような作業はひとつにまとめる　③変えるべき手順はないかを再検討する　④さらなる無駄があれば省く。

新しいアイデアをわざわざ生み出すのではなく、いまあるものを整理して合理化するだけだ。４方向に向けて物事を考えることで問題点を洗い出し、現状を打破するのだ。

人生をソンしないチャンスロスの考え方

仮にあなたが会社の経営者だとして、部下から新たな事業のアイデアを提案されたらどうするだろうか。その提案を素直に受け入れて初期投資をするか、それとも提案自体を却下するか。

こういうときは、利益を最優先に判断しがちだが、選ばなかったときの損失、つまり「チャンスロス」に考えをめぐらせることも大事だ。打算が働き過ぎると、事業拡大のチャンスは失われる。はたして得なのはどちらなのか。

仕事や人生の岐路では、選択するメリットと、選択しないデメリットをセットで考えたい。そうすれば、ソンは限りなく減らせる。

結論を先送りにするとうまくいく

「結論を先送りにする」と聞くと、なんだか後ろ向きな印象を受けるが、じつはあながちそうともいえない。

1年後に年収3倍という目標をたてたとしよう。客観的に考えれば厳しい設定なので、ふつうならあきらめてしまうところだが、ではゴールを10年後に先送りにしたらどうなるか？　これなら、達成できるかもしれないと考えるはずだ。

近い将来のことは現実的すぎるあまり、できないという選択肢が優勢になるが、結論を先送りにすればそうはならない。ゴールは遠いところに置いておけばおくほど可能性は広がるのだ。

柔軟な思考を測るＡＢＣ理論

恋人がデートの待ち合わせに遅刻したら、態度には出さないけれど怒る人が大半だろう。この思考回路を分析するとき、「遅刻した（A）」だから「怒る（C）」という図式をイメージしがちだが、じつはこの間には「信念や考え方（B）」が存在している。

このBに入るものは「待たされるなんてプライドが許さない」とか「時間にルーズな人は信用できない」など、人によって異なる。なかには「何か事情があったのかもしれない」、「自分も遅刻することはある」と考える人もいる。その場合、Cは「許す」となるだろう。

遅刻に対する価値観はそれぞれだが、少なくともBの許容範囲が広い人のほうが、人間関係はなにかとスムーズだ。

思考のベクトルを未来に向ける「ゼロベース思考」

仕事において過去の実績やデータ、成功体験は重要である。だが、それればかりに固執すると、なかなか前に進めないのもまた事実だ。何か新たなことをはじめようとするときは、「ゼロベース思考」を意識したい。過去ではなく、いまと将来を見据えて、ゼロから考えを組み立てていくのである。

「前回のケースでは」とか「これまでの実績では」という言葉はNGとし、むしろこれまでのやり方を疑ってみる。シンプルに実現したいことを設定して、思考のベクトルを未来に向けるのだ。

自由な発想で生まれたアイデアはどんどん試してみる。まっさらな状態で物事を考えれば新機軸を打ち出せるかもしれない。

木を見る前に森とその周囲を見る

自分のやり方や考えを信じるのはいいことだが、度がすぎるとただの思い込みになり「木を見て森を見ず」の状態に陥る。それは、まさに陽の当たらない森の中で、目の前にある木だけをじっと見ているようなもので、これでは森や森の外がどのような状態になっているかは気づかない。

木を見る前に、まずは森を見る。ついでに森のまわりも見る。この癖をつければ少なくとも独りよがりになることはない。

ツキに頼らず、流れを見る

自分は運がないと嘆く人はいるが、そういう人は勝負どころを間違えている可能性が高い。運のよさ＝ツキは、あくまで偶発的なもので、狙いすましてゲットできるものではないが、自分で狙えるものもある。それが〝流れ〟である。

分が悪いときにいくらあがいても望む結果にはつながらない。勝ち目がないときは無理に手を出さずに、次の波が自分に向いてくるのを待てばいい。「勝ち運がない」「ついてない」のではなく、単に潮目を読み間違えているのだ。

何をやらないかを考える

戦略を練るとき、ふつうは「何ができるか」「何をやれるか」を真っ先に思い浮かべるものだ。だが、一歩上を行く者は、そこで「何をやらないか」について考えている。

やれることやできることを考えるのは、いかにも前向きで可能性も広がるが、目の前の落とし穴に気づきにくくなる。やらないことを考えるのは、まさにその落とし穴を発見する作業だ。勝つための戦略は、それを経た先におのずと見えてくる。

「いつか」は訪れない未来

　いつかはお金持ちになりたい――。この漠然とした目標はあまりに現実性がない。というのも、それがかなうのはいったいいつなのか。それがイメージできなければ、いま何をすべきかもわからないからだ。

　なりたいものや実現させたい夢があるときは、具体的な数字設定をするとよい。「5年後まで」「40歳まで」と期限を決めておけば、それに合わせて取り組むべきことが見えてくる。

　漠然とした「いつか」は、永遠に訪れない未来であることを覚えておこう。

物事の優先順位は、「外すための引き算」で考える

ビジネスシーンでは、同時にいくつもの問題を抱えてしまうことはめずらしくない。こんなときは気持ちだけが先走り、ついあれもこれもと手をつけてしまいがちだが、まずは「外すための引き算」をして交通整理をするのが得策だ。

解決すべき問題には、優先度の低いものも混ざっている。つまり「外せない案件」と「外していい案件」に分類するのである。

引き算の条件はそのときどきで変えるのがコツだ。緊急性でもいいし、解決までの見込み時間でもいい。これだけでいまとりかかる問題がすぐわかる。気持ちにも余裕が出てくるし、分類作業を重ねることで意思決定のスピードも上がるのだ。

逃げ道をつくると課題が見える

複数の問題に直面したとき、すべてから逃げずに自分で解決しようとする姿勢は傍から見るとたのもしい。だが、その場合、ひとつつまずくと先に進めないことも往々にしてある。

そんなとき、問題は「選り好みしていい」ものだと自分に言い聞かせよう。簡単なものは自分でやる。でも、自分じゃなくてもできそうなものは人にまかせる。いまじゃなくていいものは、緊急のリストから外す。

こうやって逃げ道をつくれないか考えることは、いまやるべき課題を絞りやすくする。

ムダなことをムダにしない

特急列車に乗るつもりが、うっかり各駅停車に乗ってしまった。終点まではほかの列車への接続はなく、もはやただ乗っているしかない。

こんなときはじたばたせずに、そのムダを楽しむべきだ。鈍行でなければ出会えない眺めや駅が次々と訪れる。しかも、時間はたっぷりある。それを活かすも殺すも自分しだいだ。

「誰も気づかない」「誰もやらない」。新しい発明やニッチな産業は、こういうところから生まれるのである。

不安になったらナルシストを演じる

会議でのプレゼンテーションや宴会のスピーチなど、大勢の前で話すときは誰だって緊張する。どんなに練習しても、うまくいかなかった過去の失敗を思い出し、声も小さくなり、うつむき加減になってしまう。

そんなときは、自信過剰なナルシストになった気分で、堂々とした自分を演じるとうまくいく。「これほど練習したのだから、うまくいかないはずがない」「ここに立てる自分が誇らしい」。ウソでもいいからこう考えて自己評価を高めたい。

手抜きするなら計画的に

いつも善行を積む努力をしている自分は、少しくらい悪いことをしても許されるだろう…。これは「モラル・ライセンシング」という。たとえば、ある日はとても集中して勉強や仕事をしていたのに、その翌日にはすっかりダラけてしまうという、よくあるパターンもこれにあてはまる。

このモラル・ライセンシングに陥らないためには、計画的に手抜きをすることだ。ダイエット中でも、好きなものを食べていいチートデイをもうけるように、人は自分を律してばかりだと参ってしまう。

計画的な手抜きは、むしろ集中力を高めてくれるのである。

突き進む原動力は好奇心

発明王エジソンは、子どものころから好奇心旺盛な少年だった。それゆえ、先生を質問攻めにし、学校ともめて不登校児になったというエピソードがある。そんなエジソンには「失敗ではない。うまくいかない方法を、1万回発見しただけ」という言葉がある。

ふつうは、1万回もやってうまくいかなければさすがにあきらめるものだが、エジソンがやめなかったのは好奇心を持ち続けたからにちがいない。

とにかく、好奇心のみで突き進む。そうすることで、おのずと結果はついてくる。

王道ではない場所にも突破口はある

夢や目標を達成するには正規ルートでたどりつくのが理想だが、それがかなわなかったとしても悲観することはない。仮に、夢を実現するための近道になる学歴、経歴があるとしても、そうではないルートからチャレンジしたっていいのだ。

かのアインシュタインも、若いころは貧しくプライベートの悲運もあり研究室に入ることさえできなかったが、自分のやり方で研究を続けノーベル賞を受賞している。

王道ではない場所から突破口を見つける人生もおもしろいものだ。

未来に備えるシナリオづくり

変化のスピードが速く、半年先のことすら予測がたたない現代社会では、将来の設計図をイメージするのがとにかくむずかしい。

これまでなら目標を達成するための道筋はひとつでよかったかもしれないが、そのとおりに進める保証など何ひとつない。

目的を実現するためには、あらゆる可能性を想定して複数のシナリオをつくっておくのが正解だ。つまずいた段階でそのシナリオを変更すれば、すぐさま軌道修正できる。筋書きどおりにならなくても、あわてずにすむのだ。

進むためには休むことも必要

目標に向かって前進しているうちに、いつしか見えない何かと戦っているような気になり、ある日突然パンクしてしまう。こうなってからでは遅い。がむしゃらに進むだけではなく、ときには思い切って休むことも必要だ。

「疲れた人はしばし路傍の草に腰をおろして、道ゆく人を眺めるがよい。人はけっしてそう遠くへは行くまい」

これはロシアの小説家、イワン・ツルゲーネフの言葉だが、少々休んでも、そんなすぐには置いていかれることはない。充電してまた道に戻っても、いつの間にか追いつけるはずだ。

結局ひとりが一番強い

仕事でもプライベートでも、なんらかのグループに属しているほうがラクだという人がいる。

たしかにひとりは心細いし、誰の力もあてにできないが、ただし、そこには何物にも代えがたい自由が存在する。

自分の力を試したかったら、誰にも頼らず単独で行動してみよう。

自分に弱さを感じることもあるだろうが、人間死ぬときは誰でもひとりだと思えば、自然と力も湧いてくるはずだ。

願望や欲は隠す必要なし

奥ゆかしさが美徳の日本人は、大きな夢を語ったり、欲をあらわにすることは恥ずかしいことだと思いがちだ。

だが、なりたい自分やほしいものがあるのは悪いことではない。身のほど知らずと笑う人が人生をサポートしてくれるわけでもないし、願望や欲を素直に口に出すことになんら罪悪感を抱くことはないのだ。

むしろ口に出すことで、行動に移すきっかけになったりもする。何歳であっても「歌手になりたい」「億万長者になりたい」と堂々と夢を語ればいいのである。

身近な少数意見を大事にする

いまや、ＳＮＳに象徴されるネット上の口コミは情報収集に欠かせない。だが、誰でも自由に発信できるツール＝忌憚のない本音、と素直にとらえるのは危険だ。悪意のある人間が意図的に特定方向に誘導したり、企業がマーケティングをしていることもある。

顔の見えない大多数の意見には、多少なりともこうしたカラクリが潜んでいる。であれば、やはり身近でリアルな少数意見を大切にしたい。

気になっていることはネットで調べるだけでなく、精通していそうな人や意見をくれそうな人に直接聞いてみよう。たとえ人数は多くなくても、そこではまちがいなく生きた声が拾えるはずだ。

言葉の力を侮るなかれ

古くから日本では「言霊」が信じられている。言葉には見えない神秘的な霊力が宿っており、口に出すとそれが現実になるという概念だ。車いすテニスのパイオニアである国枝慎吾さんは、「俺は最強だ」とつねづね口に出したり、ラケットに書いたりしていた。自らそれを唱え、奮い立たせることで、本来の力を発揮できたという。

物事に集中できない、ここ一番で本領を発揮できない人は、「自分はできる」「絶対にやれる」と口に出してみよう。それが自己暗示となり、悔いのないパフォーマンスを引き出せるかもしれない。

一期一会の会話にヒントあり

ひとりで呑み屋やバーに行く人にとって、マスターや隣に居合わせた人とのちょっとした会話は意外と楽しいものだ。

隣町にできた新しい店のこと、ひいきにしているスポーツ選手の話など、お互いを知らなくても交わせる会話はいろいろある。

そして、そこには、自分のアンテナでは引っかからないようなアイデアのヒントが落ちていたりする。一期一会の出会いは、けっして侮れないのだ。

ネガティブワードは封印する

「どうせ」とか「ダメだ」とか、ネガティブな言葉が口癖になっている人は、いますぐあらためたほうがいい。なぜなら、その言葉に自分自身が支配されてしまうからだ。

言葉の持つ力は強いもので、何気なく発したフレーズが自分のマインドをその気にさせてしまう。後ろ向きな気持ちを言葉にすれば、おのずと気持ちも後ろ向きになってしまうのだ。

逆に「きっとやれる」「がんばるぞ」など、ポジティブなワードはどんどん声に出していこう。自分で自分をその気にさせて奮いたたせるのが、一番手っ取り早い。

遠い将来にとらわれすぎない

誰が言ったか、老後には最低でも2000万円が必要という試算が話題になったことがある。その真偽はさておき、早いうちから老後のためにとせっせと貯金に励む人もいるだろう。

だが、1年後や3年後といった近い未来を飛ばして、30年も先のことにとらわれすぎるのもよくない。いまの自分に投資せずして、充実した老後など待っているものだろうか。

もちろん無計画に散財するのはよくないが、資格のための学費など、自分磨きのためのお金は惜しむべきではない。ここで得られる知識やキャリアが、老後を豊かにしてくれるのである。

反対意見にひるむべからず

会議などでは必ず反対勢力が現れるものだ。こちらの提案のアラを探し出しては、「それは無理がある」「見込みが甘い」などチクチクと攻撃してくるが、といって対案を求めても出てくるわけでもない。そういう人は、重箱の隅をつつきたいだけなのだ。

したがって、必要以上にひるむことはない。「そこまでいうなら、別のアイデアをご提案ください。ないなら、こちらで通します！」と強く出てみよう。目新しい意見に逆風はつきものだと、余裕しゃくしゃくで進めればいい。

スクラップ&ビルド思考とは

採算の悪い部門は廃止（スクラップ）し、将来性のある部門を新設（ビルド）する。企業の成長にはこのスクラップ&ビルドが欠かせない。

すでにあるものを廃止するのは勇気がいる。だが、刻々と変化する時代のすう勢に対応できなければ、成長はそこで止まってしまう。

企業に限らず、個人レベルで何かを遂行していくときには、この思考を用いるとうまくいく。不要な習慣や行動は捨てて、いまの状況に合ったものを新たに積極的に取り入れる。この新陳代謝を繰り返すことで、前向きな思考が活性化していくのである。

異業種交流はなぜ必要か

飲み会といえば同僚とばかり。いつも話すのは仕事上の愚痴か上司の悪口と相場が決まっている。もしこれが常態化しているなら、その飲み会を半分に減らして、職場とは別のメンバーと交流を持つようにしたい。

同業者とばかり群れていても、集まるのはすでにある知識やうわさ話にすぎない。それよりは、まったく別の業種や職種、年齢の垣根もない集まりに参加したほうが得るものは多いはずだ。

趣味の教室やセミナーなど、会社の外で情報交換できる場所はいくらでもある。これを実行することで、仲間より一歩前に進めるはずだ。

言い訳を用意しない

締め切りに遅れそうなとき、人はいつの間にか言い訳を用意する。だが、これを考えている時点で、すでに気持ちは後ろ向きになっている。「時間がもう少しあれば、もっとうまくやれたのに」という先回りの言い訳が、パフォーマンスを低下させることもある。

言い訳は自分の心の弱さを露呈しているようなものだ。心の中で唱えるだけならまだしも、他人にアピールしたところでひとつもいいことはない。

仕事にとりかかるタイミングをもっと早めるとか、人知れず自分を極限まで追い込むなどして、言い訳を用意する〝弱い心〟を克服しよう。

進みながら習得する

何かをはじめるときに、それなりの準備や知識がないと動けないと思っているなら、それは大きな勘違いだ。成功者の多くは、進みながらそれを会得している。

松下電器の創業者、松下幸之助はまさにそれを地でいく人だった。小学校を中退して奉公に励み、そこで後年にも活きるさまざまな体験をした。晩年はメディアの取材でも自分の話をしたら、残りの半分の時間はインタビュアーに何か役にたつ話をするよう求めたという。

準備や知識は完璧ではなくてもスタートを切ることはできるし、その過程でどんどん吸収できることはたくさんある。

3

深くもぐって考える

さっそうと歩くクセをつける

何ごとも前向きに考えたいものだが、残念ながら人の性格は複雑にできている。「ポジティブ思考でいこう」とか「よし、やるぞ！」と意気込んだところで、かけ声倒れになってしまうのが関の山だ。「思った」だけでは、人はなかなか変われないのである。

人の心には「積極型部分」と「消極型部分」の2つが併存していて、どちらが強く出るかは日ごろの考え方にかかってくる。

積極型部分を強く出したいならば、まず日常生活の態度を改めてみるべきだ。ふだんから背筋を伸ばしてさっそうと歩いてみるとか、笑顔を絶やさないようにするだけでいい。それだけで、いつの間にか自信がわいてくる。

自分の直感をあなどってはいけない

「この件、明日までに調べて返事をほしい」と上司に指示されたらどうするか。とりあえず誰かに相談したり、何かヒントがないかネットで検索するのもいいだろう。

こんなとき、意外と頼りになるのが直感だ。たとえば、通りすがりに見つけた店がおいしいかどうかを判断するときに、いままでの経験則や口コミなどで得た知識を頼りにパッと答えを導き出す人がいる。心理学でいうところの「ヒューリスティックス」である。

もちろん、直感がつねに正しいというわけではない。直感で決める↓失敗したら検証するというサイクルを繰り返すことで、「直感力」を高めることもできる。行き詰まったときこそ頼ってみる価値はある。

プレッシャーを自信に変えるスイッチ

苦手なことやイヤな相手と対峙することは大きなプレッシャーになる。そのストレスが気力や体力を奪う結果になってはいけない。ここは、思考のスイッチを切り替えて、プレッシャーをプラスのエネルギーに変えてしまいたい。

何かと小言が多くて嫌味な人なら、「間違いを指摘してくれる人は成長のためにありがたい存在」で、むずかしい課題は「新しい知識を得るために効果的」というように視点をずらして評価するのだ。

これは心理学でいう「フレーミング効果」で、評価軸や表現方法を変えると、まったく別のとらえ方ができる。日々の小さなストレス源はこのやり方で一掃できる。

作業中は見えないバリケードを築く

いつも個室で作業するなら別だが、集中して作業をしているときに話しかけられたり、電話がかかってきたりすると、せっかく軌道に乗っていたのにと残念な気持ちになる。

そこで、あらかじめバリケードを築いておく。物理的な壁ではなく、根回しによる見えない壁だ。これから2時間くらいは作業に集中したい、電話は取りつがないでほしい、そんなふうに周囲の人に伝えておく。ついでにスマートフォンをサイレントモードにしておけば、よほどのことがない限り邪魔をしてくる人はいないはずだ。

目標はスモールステップで設定する

10キロメートル走ってくださいといわれたら、たいていの人は腰が引けてしまうに違いない。しかし、あきらめるのは早い。毎日1キロ走ってトータルで10キロならどうだろう。少し早起きすればいいか、いや、帰宅してから近所を走るか、などと現実的なやり方を模索できるはずだ。

小さなチェックポイントを設けて考えると、やらなければならないことの全体が具体的に見えてくる。気持ちの面でも、はるか先にある見えないゴールより、すぐそこに見えるポイントをめざすほうがやる気がわく。スモールステップの積み重ねで大きな目標をめざすのがかしこいやり方だ。

思考力が全開になるゴールデンタイム

ややこしい問題に取り組まなければならないときは、集中力も思考力も全開になる時間帯を狙いたい。人間の集中力のピークは、午前10時ごろだという科学的なデータがある。集中できれば、思考力も問題に対する処理能力も当然アップする。

つまり、9時始業のオフィスなら、スタートから2時間程度がもっとも効率よく作業できるゴールデンタイムだ。この時間を何となくすごしていたとしたらもったいない。フレックスが可能なら、始業を少し早めても、集中力がピークに向かう時間を有効に使うべきだろう。

パニックを鎮める4つのプロセス

トラブルが起きたときにまず考えなくてはならないのが、冷静になることだ。パニックになれば、思考停止に陥って判断を誤る。

そこで役立てたいのが、「ＬＥＡＤ法」という思考法だ。４つのステップに従うことで、冷静に事態を収束することができる。

① LISTEN →情報を集めて現状を把握する

② EXPLORE →トラブルに至った経緯から問題点を探る

③ ANALYZE →原因を分析する

④ DO →解決方法を実行に移す

簡単なステップを意識すれば冷静さを取り戻せる。問題解決のためには、まず落ち着くことが先決だ。

正反対の視点からアイデアを生み出す

常識的な考えは、大きな失点もない代わりにおもしろみに欠けることがある。そこで、斬新なアイデアを生み出すために「アンチプロブレム」という発想法を覚えてみたい。

アンチという言葉通り、テーマと正反対の視点で考えるのがポイントだ。「ＳＮＳ映えするスイーツ」というテーマなら、まったく映えそうもない地味で古臭い見た目のものを思いうかべる。そこから、白一色で地味なものがかえって目を引くとか、昭和を連想するレトロなものといったものを連想する。

この発想法は視野を広げて、新しいアイデアを生み出すのに効果的だ。

思考のベクトルは「マクロからミクロ」が基本

忙しいときほど視野が狭くなりがちである。つい、小さなことにこだわって行き詰まることがある。思考が停滞するのを避けるためには、「マクロ思考」と「ミクロ思考」を使い分けるといい。大切なのはまず、マクロ、それからミクロだ。

マクロな視点から全体を見まわして、全体像を把握する。そこから掘り下げていって、細かいタスクを処理していくのだ。これなら無駄なことをやらずにすむので、効率もいい。全体像がしっかりイメージできていれば、タスクの優先順位も自然とついていく。

利他にも利己にも偏らず「収支を合わせる」

「利他」という言葉をよく耳にするようになった。他者の利益を優先する価値基準で行動することは、善である一方で、自我を抑えてストレスを抱えかねないリスクもある。一方で、利己的な考えに偏るのも周囲との軋轢を生み、結局はストレスとなって返ってくる。

人間関係は与えるのと同じくらい見返りがあれば、心理的な帳尻も合う。ただし、あまりに短期的に収支を合わせようとするとうまくいかないので、ある程度の長いスパンで考えるといい。

受け取る量の調整はむずかしいので、そこはどれくらい与えるかを見極めればよい。打算的なようでも、無理をして歪みが生まれるよりはよほど健全である。

自己肯定感を高める「自画自賛」

ほめまくられて、いやな気持ちになる人はいないだろう。自己肯定感が高まり、迷いなく問題に立ち向かうことができる。しかし、大人になるとストレートなほめ言葉をかけられる機会が少なくなる。

そこでおすすめなのが、自画自賛の習慣をつけることだ。

やり方は簡単で、寝る前にいくつでもいいから、自身の〝ほめポイント〟をピックアップする。できればノートやスマホに記録したい。

寝坊せずに起きられた、ランチタイムに美味しいメニューを選べた、洗濯物をすぐに片づけられた、などのささいなことでもいい。自分のことを評価するクセがつけば、自然と気持ちが上向きになる。繰り返し読み返せば、自己肯定感はさらにアップするはずだ。

チャンスとうまい話の見分け方

慎重に考えて行動するのは悪いことではないが、ふいに訪れるチャンスをつかめるのは、フットワークが軽い人かもしれない。しかし、「チャンス」と「うまい話」は、同じように見えてもまったく違う。

チャンスが訪れるときは、日頃の人間関係や努力によって環境が整っている。うまい話というのはあくまでも偶然の産物であり、それに乗るのはリスクのある賭けのようなものだ。自らの行動を振り返れば、これがチャンスなのか、うまい話なのかは見極められる。

そのうえで、訪れたチャンスには軽い気持ちで乗っかろう。それは来るべくして来たものなのだ。

あまのじゃくな行動が独自性を生む

「みんなと同じはつまらない」という人間の心理が「スノッブ効果」だ。ＳＮＳなどでバズった商品があっという間に売り切れるのが当たり前の世の中で、我が道をいきたい、自分だけのものが欲しいという人も確実に存在する。

そこで、このスノッブ効果を利用すれば、差別化された希少なものを求めるニーズを掘り起こすことができる。

そのためには、他人と同じ方向を向いていてもアイデアは生まれない。皆が前を向いているなら後ろを向く、立ち止まるなら走り出す、といったあまのじゃくな行動や思考から突破口が開けてくる。

嫌なことはプラスを足してチャラに

イヤなことも避けて通れないのが大人の世界だ。ときには歯を食いしばってやらなければならないこともある。そんなときは、自分の中でプラスの要素を足して、差し引き「チャラだ」と感じられる状況をつくってしまいたい。

嫌いな相手と会わなければならないときは、その後に大好物を買って家に帰って食べようとか、気が乗らない作業のあとはネットフリックスを見ながらだらだらしようとか、気持ちが上向くことをセットにするのだ。いわゆる飴と鞭をうまく使って、自分の感情をコントロールするのである。

小さな一歩が近道になるワケ

人間の脳は、大きな変化よりも小さな変化のほうが受け入れやすいという性質がある。ならば、ささいなことでいいのでまずやってみることが、先送りしないですぐやる人になれるコツだ。

たとえば、毎日5ページずつ問題集を解くと決めても三日坊主になるのがオチだが、1日1ページなら意外と続けられる。1ページ程度では意味がないと思うかもしれないが、まずは行動を起こすのが先だ。

小さなアクションは心理的なハードルが低いうえに、続けやすいメリットもある。千里の道も一歩から、だ。

「まずかたちから」が最速で成長できる

マネをすることは最高のリスペクトとはよくいわれるが、尊敬する人の話し方やしぐさをマネすることで考え方まで似てくることがある。口調や言葉選びには、その人の考え方があらわれている。それを丸ごとマネすることで、考え方もそっくり吸収できるというわけだ。

ほかにも、好みや行動パターンがあらわれるしぐさや服装、持ち物などもチェックしておきたい。ただし、相手を不快な気持ちにさせては元も子もないので、露骨に態度に出すのは控えたい。

転んでもただでは起きない

人生に失敗はつきものだ。その失敗をどう乗り越えるか、そして次にどう生かせるかが成長のカギになる。

そこで意識したいのが、その失敗にきちんと向き合うということ。失敗はマイナスであることは間違いないが、その原因を突き止めて対策をとり、二度と起きないようにすることは、マイナスをゼロにするだけではなく、プラスになる。

転んでもただでは起きない人を見てほしい。失敗を糧にしているはずだ。

視点を定めれば思考がすっきりする

絵を描くときに重要なことのひとつが、視点を定めることだ。どのポイントに焦点を合わせるのかで、全体の印象がずいぶん変わってくる。ものを考えるときも同様で、どこにフォーカスして考えるかを定めなければ、とりとめがなくなってしまう。

まず俯瞰して、全体像を把握する。そして優先順位を決めてから、視点を定めるのだ。あれもこれもと欲張って考えると、ブレが生じてくる。遠回りかなと感じても、そこはあせらずにひとつずつ解決していくほうが話は早いのである。

複雑な問題を解決するスイス・チーズ法

関わる人間が多くなったり、利害が複雑に絡んでくると、問題がどんどんふくれあがって手に余るようになる。にっちもさっちもいかないときの救世主になるのが、「スイス・チーズ法」だ。スイスでは、店頭で大きなチーズの塊を切り分けて売られることから名づけられた。

目の前にある問題を可能な限り、小さなタスクに切り分けてみる。いきなり細かく分けようとせず、ざっくりといくつかに分けてから、それぞれを小さな塊に分けていく。問題が小さくなれば課題も明確になるので、効率よく解決できるようになるはずだ。

複雑な問題であるほど、いかにシンプルなタスクに切り分けて考えられるかが、成功の分かれ目なのである。

正しい地図どおりに進めば迷わない

トラブルが起きたら、なぜ起きたのかを考えるのは当たり前のことだが、そもそものやり方が最初からまちがっていた可能性も排除してはいけない。

人間には「認知的不協和」という本能があり、不都合な情報は目に入りにくいという性質がある。過去の経験やそこにかけたコストや労力にとらわれると、まちがいに気づきにくくなる。

失敗だと思ったらまず立ち止まる。そして、行動計画そのものが本当に正しかったのかをあらためて問い直してみよう。認知的不協和の存在を意識していれば、そこから引き返して正しい道に進むことができるはずだ。

完璧主義は成長のじゃまをする

はじめから100パーセントをめざして達成できる人はどれだけいるだろうか。多くの場合はゴールに届かず、挫折感を味わうことになる。それなら最初から100パーセントをめざさなければいい。

理想に届かなくて途中であきらめるより、実現可能な目標をたてて進むほうが確実だ。そこまでたどり着いたら、次の目標をたてて、結果的に100パーセントを達成できればいい。

完璧主義はプライドの高さの表れで、成長のじゃまになる。自分の実力としっかり向き合いながら前進していきたい。

第一印象が固定観念になってはいけない

出会ってから数秒で人の第一印象は決まる。しかも第一印象は、その後の評価を左右し続ける。心理学的に見れば、第一印象の重要性を示す根拠にはこと欠かない。

しかし、最初の印象もまちがうことがあるのは自明だろう。同じように最初にインプットした情報が正しいとは限らないのも自覚しておきたい。

分野によっては、きのうの常識がもう今日には通用しないことがある。固定観念にとらわれて正しい情報を受容しなければ、変化し続ける社会についていけなくなる。

日常生活にもプランBを持つ

仕事以外の日常生活でも、毎日は選択の連続だ。ひとつひとつの選択は小さなことでも、その集大成が生活の満足度やクオリティを形成している。

よりよい生活を送りたければ、つねに「プランB」を用意しておくことだ。イレギュラーなことが起きたときや予定が狂ったとき、いかにダメージを小さくできるかは、あらかじめほかのプランを用意できているかにかかっている。

予定通りに帰宅できなかったら夕飯はどうするか、翌日の天気予報がはずれたらどうするか、ささいなことだからこそ、不要なストレスはプランBをもってあらかじめ排除すべきである。

説得力を持たせたいなら7割を意識する

みんながもってるからほしい、と子どもが親にねだるときは、せいぜいまわりの2、3人がもっている程度にすぎないことが多い。大人の社会で「みんなが」に説得力をもたせるなら、半数を超えて7割くらいの同意が必要だろう。国会の意思決定が、出席議員の3分の2以上の賛成をもってなされることからもそれがうかがえる。

相手を説得するときにデータを見せるのは有効だが、そのデータ自体に信ぴょう性がなければ逆効果になる。

逆にいえば、7割以上の同意があればものごとを進めやすいことにもなる。強硬な反対派がそれほど多くない場合はそれを無視して、まず中立の人間を味方に引き込むのが早道になる。

結果を出す人は「自分以外」に原因を見出せる

ものごとがうまくいかなかったとき、つい「自分の能力がたりなかった」とか、「努力が足りなかった」と考えがちだ。しかし、それだけですませるのは、一面的にしかとらえられていないといえる。

本当の原因がどこにあるのかを究明するには、客観的な視点が欠かせない。そもそもやり方がまちがっていたのかもしれないし、人員配置に無理があった可能性もある。それらを正確に分析することこそが、失敗を糧にして成果を上げられる人のやり方なのだ。

4

新しいことを考える

1件の事故を防ぐ努力が潜在リスクを激減させる

1件の重大な事故の背景には、29件の軽い事故があり、さらに300件の事故未遂が隠れているというのは「ハインリッヒの法則」だ。多くの会社のクレーム対応やリスク管理の現場で用いられている考え方だが、日常のトラブル防止にも応用できる。

1回なら〝偶然〟や〝うっかり〟ですむが、300回なら構造的な問題がある。もはや「再発しないように頑張ります」というやる気の問題を通り越している。基本システムから見直すのだ。

たとえば1回遅刻したときには、アラームのかけ方や支度をする時間の短縮など、遅刻しないしくみをつくる。ミスが起きにくい行動パターンをつくりあげてしまえば、後は楽になる。

大きくグループ分けすることが分析の第一歩

「塩」をテーマにして自由に分析してほしいといわれたら、まずやるべきなのは属性を見ることだ。塩は調味料のひとつであると考えたら、大きな属性は「調味料」になる。そこから、塩だけでなく砂糖や醤油など多岐にわたる情報に広げていくことができる。

また、塩自体を大きな属性として考えると、岩塩や海水塩などに分けることができる。そこから採取方法についての情報に広げていくことも可能だ。

漠然としたテーマについて考えるときは、「属性」を基点にしてみるといい。

大きな数字は小さな単位に落とし込む

今年度の予算が５０００万円だといわれたとしよう。経験を重ねれば別だが、最初から５０００万円がどれほどの規模なのかイメージするのはむずかしい。

大きな数字を実感するためには、小さな単位まで落とし込むといい。1年間に５０００万円なら、１か月では約４１６万円になる。さらに1日単位では約13万円だ。これなら数字のスケールをつかむことができるはずだ。

どんなに大きな数字でも、切り分けていけば身近な単位で考えられるようになる。そのうえで分析や計画をすれば、見当はずれなものにはならない。

図にして説明できれば説得力は申し分ない

頭の中ではわかっていても、それを第三者に説明しようとすると意外とむずかしいことがある。言葉だけならまだしも、内容を図にして説明するとなれば、その難易度はさらにアップする。

なぜなら、因果関係やデータの推移など、すっきりと整理されていなければ、図にして説明するのは不可能だからだ。「まあ、だいたいこんな感じで」「そこそこのところでいいかと」などといったあいまいな表現はいっさいできない。

説得力を持たせたいなら、簡単な図にしてみる。この習慣をつけるだけで図解力は身につくはずだ。

自分の負けパターンを知る

誰にとっても失敗はいやなものだ。それが予測していなかった失敗なら、さらにダメージが大きくなってしまう。失敗のない人生などありえないと覚悟して、その影響を最小限にするために自分の負けパターンを熟知して備えておくべきだ。

比較的「負け」やすいタスクを理解しておけば、いつも以上に慎重になれるし、失敗したとしても想定内なので冷静に受け止められる。どんな状況でもリスク管理は重要なのである。

あきらめがよい自分をメタ認知する

できもしないことに、必要以上にこだわってもしかたがないが、粘り強く取り組んでこそかなえられることもある。日頃からあきらめがよすぎるという自覚があるなら、その事実を「メタ認知」してみてほしい。

メタ認知とは「自分の認知を客観的に認知すること」で、この場合は、自分はあきらめがよすぎることを認識することだ。

無意識に妥協しようとしたときに、「あきらめがよすぎるかもしれない」と自己を制御できれば、行動が変わってくる。

イノベーションは「楽したい」気持ちが生む

楽をしてお金を稼ぎたい、一生ゴロゴロして暮らしたい。そんなふうに思う人は、堕落しているのだろうか。科学技術のイノベーションは、すべて「ラクしたい」という気持ちから生まれたといっても過言ではない。

大ヒット商品となったロボット掃除機や調理家電はもちろん、インターネットも自宅やオフィスにいながらにして世界中の情報にアクセスできるし、海外の人ともリアルタイムで話すことができる。楽をしたいという気持ちが革命的な進歩をもたらしたといっていい。

怠け心との違いは「では、そのためにどうすればいいか」を考えることで、そこから現状打破する力が生まれるのである。

手元の情報で全体を推定する

全国に蕎麦屋は何軒ありますか？　こんな質問に説得力をもって答えられるのが「フェルミ推定」である。これは、手元にある情報で全体像を論理的に推測していく方法だ。

自分の街には10平方キロメートル当たり3軒の蕎麦屋がある。西日本と東日本の地域差や市街地の面積も考慮したうえで計算していけば、日本国内の蕎麦屋の軒数を概算値で出せるのである。

このやり方は、正確な数値を出すためというよりは、論理的にものごとを組み立てて、説得力のある結論を導くための思考法だ。学習すれば、誰でも簡単に実践できるようになる。

欠点を見つけて理想に近づく

いまの自分に満足していないなら、具体的な不満を洗い出すことから始めたい。まず欠点だと思うところを、どんどん書き出していく。あまり深く考えず、直感的にあげていけばいい。

書き出した欠点を分類するのが次の作業だ。部屋が散らかっている、髪型がダサいなどプライベートにかかわることもあれば、仕事が遅い、後輩のサポートができていないなど仕事面での欠点もあるだろう。それらをざっくり分けてから解決法を探すのだ。

簡単に解決できることから手をつけていけば、確実に欠点が減っていく。満点ではなくても理想の自分に確実に近づいていることを実感できるに違いない。

ヨコにするだけで世界が広がる

いままで経験したことや、これまで身につけた知識にばかり頼っているとまわりが見えなくなってしまう。すると、知らず知らずのうちにとことん掘り下げてしまうようになる。そうなると、それ以上新しい視点での発想を期待できなくなるのが「垂直思考」の欠点だ。

一方、そんな頭打ちになった状態を救ってくれるのが「水平思考」である。既存の理論や概念、これまでの自分の知識や経験にとらわれずに発想の枠を超えて拡大していく発想法だ。

なにもむずかしいことはない。押してもだめなら引いてみるのと同じで、タテがだめならヨコにするだけで目の前に新しい世界が広がってくる。

自分以外の誰かになって考える

斬新なアイデアを生み出したくても、経験を積むほど自分の価値観の枠をこわすのがむずかしくなる。そこでおすすめなのが、自分以外の「誰か」になり切って考えてみることだ。

尊敬する上司や憧れの先輩、テレビで見るアイドルや幼い子どもなど、自分とはかけ離れた状況や属性にある人になり切って考えてみるのである。

特定の誰かをイメージして考えることで、自分の中にある枠を超えて新しい視点で物事を見ることができる。ロールプレイングの要領で、楽しんでやってみるのがコツである。

苦手な相手とうまくやるには「貸し借りなし」で

人間関係は、双方に同様のメリットがあればうまくいく。とくに、仕事関係などでどうしてもつき合わなければならない苦手なタイプが相手の場合にこそwin-winを意識したほうがいい。

お互いに好意を持っているなら多少のアンバランスは気にならないが、互いに苦手なら不平等はいっそうの嫌悪感を生む。その場合、いったん不公平感が生まれようものなら解消するのもむずかしい。

つまり、苦手な相手とつきあうときは、なるべくその場その場で公平を意識することだ。会議資料をつくってもらったら、次の打ち合わせの段取りは引き受けるなど、貸し借りなしの状況をキープするのだ。

満足感は成長の敵である

半分まで水が入っているコップを見て、「もう半分入っている」とするか「まだ半分しか入っていない」と思うかは人によって違う。これは心理学で「フレーミング効果」と呼ばれる現象で、これがその後の成長を大きく左右する。

ある程度の成果を出したときに十分だと感じるか、まだ足りないと感じるか。成長し続けるのが後者であるのはいわずもがなだ。満足した時点で成長は止まってしまう。つねに上を見続け、欠乏感を保持することが成長の絶対条件なのだ。

過去・現在・未来の視点を持つ

国際情勢も国内情勢も不安定な要素が多すぎて、10年先どころか1年先を予測するのもむずかしい時代だ。それでも先のビジョンをもたなければ、ものごとを成功に導くことはできない。

未来を予測するときにもっとも役に立つ材料は、過去と現在だ。過去の状況と現在の状況、それを見比べてさまざまな分析をすることで、未来を予想する材料にすることができる。

不安定要素が多いからこそ、「すでに起きたこと」を教えてくれる歴史から学ぶことが必要不可欠なのである。

夜は必ず明けるという当たり前のことを忘れない

なかなか成果が上がらない問題に取り組んでいるときや、トラブルの真っただ中にいるときは、このつらい状況が永遠に続くような絶望感に襲われてしまう。

しかし、夜が明ければ朝になるし、春になれば桜は咲く。いまが底だと考え、状況が好転することを信じることが大切だ。

先を見通せないことで焦りが生まれてしまうと、誤った判断を下してしまう。あと少し粘れば解決した問題でも、不安から投げ出してしまったらそれまでの努力が水の泡だ。そのうち必ず好転するという希望を持って、思いつめずに広い視野を持つことが新天地への早道なのである。

変化を恐れず、捨てる覚悟を持つ

伝統といえば聞こえはいいが、ひとつの成功にあぐらをかいて旧来のビジネスモデルに頼っていたら、いつの間にか時代の変化においてけぼりにされてしまい、致命的な失敗をすることもある。

たとえば、10年前に設置したエアコンがあるとしよう。ちゃんと冷えるし、異音もない。何の問題もないように感じるかもしれないが、電化製品の技術は日進月歩で、電気代が抑えられてメンテナンスの面でもはるかに技術革新が進んでいる。いまのモデルを使い続けるのが必ずしも最善とはいえないのは明白だ。

つねに問いを持ち、ふるいにかけることで新しいアイデアが生まれる。固定観念にとらわれず、捨て去る勇気も持つべきだ。

最初に飛び込む人が成功を手にする

野生のペンギンの群れにはリーダーがいないのだという。彼らが陸上で危険から逃れるときや、エサを獲るために海に飛び込むとき、それを先導する一羽はファーストペンギンと呼ばれている。いち早く状況を察知した一羽に従うことで、ペンギンたちは難を逃れたりエサにありついたりできる。

ここで注目したいのは、ファーストペンギンは誰よりも先に逃げることができるし、エサを食べることができることだ。

人間の社会でも、最初の一羽になる、つまり開拓者の精神を持つことで新しい可能性に出会える。ブルーオーシャンに乗り出す勇気が、成功への第一歩を踏み出させてくれるのである。

妄想を実現するための習慣

子どものころは自分の限界など考えもせず、サッカー選手になりたいとか宇宙飛行士になりたいとか、空想をめぐらせたものだ。大人になると現実が見えてしまって夢をもてなくなってしまうかもしれないが、妄想は習慣化するほどに現実に近づいていく。

外国で暮らしたいという夢があるなら、こんな国に住んであんな仕事をして、休日はどんな過ごし方をしようかと、具体的に想像してみよう。すると、いつの間にか毎日の行動に変化が生まれる。

英語のテキストを手に取る、留学の情報に敏感になる、街で外国人ツーリストを見かけたら話しかけてみる。妄想することで、自然とその実現に向けた行動ができるようになるのだ。

とっておきの「ひらめく場所」を大切にする

自分が一番集中できる場所はどこか、意識したことはあるだろうか。毎日、目まぐるしく予定を機械的にこなすだけでは、なかなかそこまで考えられないかもしれない。

誰にも邪魔をされずに集中できる場所や時間を持つことは、生活の質をグッと上げるはずだ。必ずしも、やりやすさや時間のとりやすさだけを考える必要はない。職場や家の中で過ごすことが多くても、そこでリラックスできるとは限らないからだ。

スマートフォンの電源を切ってカフェで過ごしたり、ひとりでドライブする、公園のベンチに腰を下ろす。とっておきの場所を見つけられたら、新しいアイデアがひらめくはずだ。

脳内アイデアを目に見える魅力に変える〝変換装置〟

「いいことを思いついた」と思っても、それが本当に実現できるかをたしかめる第一の関門が、「絵にできるか」である。漠然と考えるだけで魅力的に思えたとしても、絵を描くにはそれなりの具体性が必要になる。

いざ描こうとするうちに、全然ダメだとあきらめるかもしれないし、さらに細かく詰めていけるかもしれない。どちらになるかはアイデアしだいということもあるが、絵を描くということは、単なる思いつきを魅力的なアイデアに変えるしかけなのだ。

アイデア豊富な人はさぼりの達人

効率よくタスクをこなすためにはリフレッシュが重要だといっても、具体的にはどうすればいいのか。一番手っ取り早いのは仕事をさぼることだ。

根を詰めて作業している人を尻目に、出たり入ったり腰が落ち着かなくて、いつ仕事しているかわからない人のほうがかえってできがいいということがある。これは気持ちの切り替えや、適当にリフレッシュをしていることも関係している。

本末転倒にならない程度にさぼる時間を取り入れると、案外スムーズに仕事を進められたり、思いもよらないアイデアが生まれたりする。

素直さは発想の源になる

勉強を教えている立場の人から見て、もっとも伸びるタイプが「素直な子」だという。教師の助言を素直に受け入れる心がけが勉強の効率を上げるのだ。

この素直さは、大人になっても「好奇心」という武器になる。たとえば、最先端の情報に対して構えることなく試すことができる。素直な好奇心を持っていることで、情報のインプットがはかどるのである。

さらに、楽しい、おいしい、うれしいといった感情を素直に出すことがクリエイティブな発想の源にもなる。斜に構えて大衆を見下すような姿勢は、柔軟な発想の妨げになってしまう。素直な好奇心は、豊かな感性を磨く原動力にもなるのだ。

不可能の中にアイデアの種がある

科学の世界では、誰もが「無理だ」とあきらめていることが、大発見のとっかかりになる。「Blue Rose」という言葉が不可能なことを表すように、交配では実現不可能だといわれていた青いバラも、バイオテクノロジーの力でつくり出すことができた。20世紀中の実現は不可能といわれていた青色ＬＥＤもすでに開発されている。

不可能を可能にするのがイノベーションであり、無理だとあきらめていることに粘り強く取り組むことが新しいアイデアの芽を生むのだ。

偶然の中の幸運をものにする斬新な発想

偶然の幸運をものにするためには斬新な発想が不可欠になる。

江戸時代、茨城県の牛久沼の茶屋で渡し舟を待つ間にかば焼きを注文した男が、ちょうどできあがったときに船が来たため、ご飯の上にかば焼きを乗せて皿で蓋をして船に乗った。

向こう岸に着いたときにはほどよくかば焼きが蒸されて美味しくなっていた。これを男が江戸の芝居小屋に持ち帰って売り始めて大ヒットとなったのが、うな丼の発祥だという。

あわててかば焼きをかき込んで船に乗るのではなく、「持っていくためにはどうすればいいか」ということを瞬時に考えて実行した発想の勝利だ。成功の種はそこらじゅうに転がっている。

スタートしてもゴールは決めない

腰がどうも重い、なかなか始められないという人は、いったんスタートしたら突っ走るしかないと感じているのかもしれない。しかし、走りながらでも道は変えられる。つねにベストな選択ができるように、試行錯誤を続ければいいだけだ。

もしかしたら、スタートしたときとはまったく違うゴールを走り抜けることになるかもしれない。それくらいの気持ちで走り出せばいいのだ。

鳥になって全体を見る俯瞰的思考

ものごとを考えるには俯瞰して見ることが大切だと頭ではわかっていても、具体的にはどうすればいいのか。簡単な方法としておすすめなのが、鳥になったつもりで高い所から見下してみることだ。目の前で頓挫している問題を念頭に置いたまま、どんどん上空に視点を上げていくつもりで考えてみよう。こんなことで、と思うかもしれないが、案外効果的なやり方だ。

全体が見えれば、細部にも目が行き届く。作業に行き詰まったら上空へ、が合言葉だ。

「仮説を立てる力」で手にできる2つのスキル

あらかじめ結果を予測しておくことは、思考を効率化させる2つのスキルにつながる。そのひとつが「ルート設定力」だ。

「仮説」を立ててめざすべきゴールを設定すると、逆算してそれまでの過程（ルート）を決められる。そのことが思考の寄り道を防ぎ、ゴールに向けた最短の道筋をはじき出せるようになる。

そして、もうひとつが「情報収集力」だ。すでに仮の答えが決まっているのだから、そこに紐づく情報を取捨選択しながら集められる。短時間で必要な情報を選別できるのだ。あくまでも仮説に基づいている以上、途中で違和感が生じたら、修正すればよい。まずは仮説を立てて動きだすことが肝要だ。

マネされることは最高の誉め言葉

ヒット商品が生まれると、その機能やコンセプトをマネた後発の商品が雨後の筍のように現れる。先行した企業にとってはうれしいこととはいえないだろうが、少なくとも「良品」である証となって認知されることは間違いない。

誰かにアイデアをマネされたら、腹を立てるのではなく、最高の賛辞として受け取りたい。その自信を胸に、さらに優れたアイデアを生み出す努力をすべきだ。

マネをされたことで生ずる損失は一時的なものである。つねに進歩する人になりたければ、マネをされた時点でそのアイデアは古いものと考えたい。それが次の第一歩へのヒントとなる。

直感はあてずっぽうとは違うひらめき

直感で決めると聞けば、ずいぶん乱暴なやり方にも思えるが、心理学的にいえば直感的なひらめきと、あてずっぽうは異なる。

直感は無意識下で行われる行為で、論理的に考えると長い時間がかかる結論への道筋を瞬間的にたどる。判断の理由を説明するのはむずかしくても、無意識に感じとる知覚の働きで瞬時に判断を下せる。

その背後には、蓄積されてきた経験や感情のなかでも、言語化できないものが積み上がっているのだ。

ときには直感に頼って判断してみてもいい。理屈抜きに感じたことが、本質をついているということは意外と多い。

いつもと違うものがきっかけをつくる

毎日のように足を運ぶレストランでは、いつも同じメニューを選びがちではないだろうか。おいしさやボリュームを熟知しているので、失敗しない安心感はある。

一方で、新しいものに出会う可能性は低くなる。「安心」は見方を変えれば、無難で保守的となりえる。ならば、たまには新しいことにチャレンジするマインドをもちたい。

転職や新事業に手をつけるといった大それたことである必要はない。行きつけの店を変えてみる、駅までの道を変えてみる、そんなささいな変化が、新しい気づきをもたらしてくれる。

もちろんリスクはあるが、恐れていては保守的になるばかりだ。

五感を使い倒して直感力を磨く

現代社会ではオンラインで音と映像を伝えられるようになり、手元にないものを「見る」ことができるようになった。

しかし、実際に手で触れたり、直接目にすることの重要性も否めない。コロナ禍でなかなか会えない期間が続いたからこそ、リアルな触れ合いの有意義さを痛感した人も多いだろう。

実際に会ったり、使ったりするときには、人間の五感がフル稼働する。そこで得た情報は強烈な印象を持ってインプットされ、直感的なひらめきを生み出すバックボーンになっていく。

実体験を重ねて五感を刺激し続けよう。そこから斬新なひらめきが生まれるかもしれない。百聞は一見に如かず、だ。

常識にとらわれるのは思考停止の一歩手前

エコーチェンバーという現象をご存じだろうか。ＳＮＳなどの狭いコミュニティのなかで自分と似たような意見ばかりが反響音のように聞こえてくることをいう。そこにどっぷりつかり過ぎると、少数の意見でしかないことをまるで社会全体の常識のように思いこんでしまうのである。

これはとても危険なことで、自覚がないままに思考が偏ったり社会に置き去りにされてしまうこともある。自分が常識だと感じていることも、「本当に？」と疑うクセをつけておきたい。

それでなくても常識は時代や母集団が変わることで変化していくものだ。いまある常識に固執するのは、思考停止のサインなのである。

失敗は一日の終わりにリセットする

仕事でもプライベートでも、小さな失敗や反省がひとつもないという日はない。負の感情をうまく切り替えていくことが、日々のコンディションを保つコツだ。とにかく翌日に持ち越さないことだ。

一日の終わりや、寝床に入って眠りにつく前の時間に「今日もよく頑張った」「いい一日だった」と自己暗示をかけるといい。眠る前のウトウトした状態では、無意識下の領域にアクセスしやすくなる。そのタイミングでポジティブなことを考えてインプットするのだ。

寝ているうちに気分がよくなり、目覚めたときには気持ちよくスタートできるだろう。

ルーティンで集中スイッチを入れる

バレーボール選手がサーブを打つ前に、ボールをついたり頬を軽くたたいたりするのを見たことがあるだろう。これは、サーブに集中するためのルーティンといわれる動作だ。

ルーティンを行うことで集中のスイッチを入れるのはバレーボールに限らず多くのスポーツ選手に見られるが、これを取り入れることで日々のいろいろな場面で役立てることができる。

仕事をはじめる前のルーティンなら、軽くストレッチをする、コーヒーを飲む、瞑想をするなど、自分なりの動作を決める。憧れのスポーツ選手のマネをしてもいいだろう。毎日くり返すことで、「さあ、やるぞ」というスイッチが入るのだ。

集中力は90分で切れるのが自然

机に向かって作業していても、集中力が長く続かないという悩みを持つ人も多い。しかし、これは当たり前のことで、人間の集中力は90分ほどしか続かない。しかも、いったん切れると20分は回復しないのである。

このことを考えたら、作業計画は90分の作業と20分の休憩をワンセットにすればいい。体内のリズムに逆らうことのない計画なら、過剰なストレスを生むこともないだろう。

それほど根を詰めていないのに仕事がみるみる進むならこんなにうれしいことはない。

人目を気にしてモチベーションを高める

リモートワークというスタイルが定着しつつある現在、新たな問題として生まれているのが、モチベーションを維持する方法だ。

自宅で仕事をする場合は、四六時中椅子に座っていなくても誰にもとがめられない。「むしろそのほうがはかどる」という人は別として、そうでなければあえて人前に出て作業をするといい。コワーキングスペースや図書館、ワーキングカフェなど、Wi-Fiや電源が使える場所は増えている。

人目があれば、心理学でいう「見物効果」によって作業スピードが上がるし、モチベーションも維持できる。第三者の存在をうまく使うわけである。

アイデア出しは数撃って当てる

よほどの天才でもない限り、本当にものになるアイデアを出すのは容易なことではない。思いついたときにアイデアを出すというやり方では足りないのだ。

大切なのは、とにかくたくさんアイデアを出すことだ。つまらなくても、無理やりでもかまわない。ささいなアイデアの種を拾いまくるのである。毎日決まったタイミングで、アイデア出しの時間を設けるのだ。

入浴中や通勤時間、歯磨きをしながらでもいい。5分、10分の細切れ時間でも積み重なれば大きな時間になる。大切なのは毎日続けること。習慣に組み込めば思考力もついてくる。

5 ツールを使って考える

アイデアは朝に芽吹く

ある高名な作家は、朝起きたら淹れたてのコーヒーを飲みながら机に向かうのだという。朝はひらめきが起きやすいから、朝飯も食べなければ、散歩もしないそうだ。

ひらめきは朝、しかも起床してすぐに訪れることが多い。しかし、何かをひらめいたとしても、完璧に記憶しておくのはむずかしい。

そこで、メモ帳の出番だ。メモ帳がなければ、新聞広告の裏でも何でもいい。大切なのは、ひらめいたアイデアは、すぐにその場で書き留めておくことだ。人は書くことによってイメージを頭の中に定着させることができる。それを何度も繰り返せば、積み重ねることで右脳は活性化し、アイデアの種が芽吹くのだ。

紙と鉛筆でテーマを視覚化する

物事を考えるときに必須な行為といえば「書く」ことだ。紙と鉛筆さえあればすぐにトライできるが、ただ闇雲に書いても途中で脱線したり、支離滅裂な文章になったりするのが関の山だ。

こうならないためにはまずテーマを決めることだ。「社内改革のアイデア」ならば、それが「売上」なのか「新規事業」なのかを最初に書き、思いついたことを片っぱしから書くのである。

一見バラバラのアイデアの寄せ集めに見えるが、最初にテーマを掲げているおかげで本筋からそれる心配もない。マインドマップの要領で視覚化するのだ。

スケジュール帳に余白時間を予定する

忙しいときは、食事の時間も惜しんで予定を詰めてしまう。一見、多くのことが片づくように見えるが、余裕のなさはミスを生む。忙しくなりそうだと感じたら、スケジュール帳に余白を生み出せるしかけをするといい。

一日のうち、一定の時間を「予定」として埋めておくのだ。名目は何でもかまわない。しっかり休息が取れるように1時間程度は確保し、その時間は自分の好きなことに使ってリフレッシュするのだ。

万が一その日の作業が押してしまうようなら、空けておいた枠を融通すればいい。スケジュールに余裕を持たせることで、結果的にパフォーマンスが向上するのだ。

数字を必ず味方につける裏ワザ

数字は、見せ方しだいで逆の結果が生まれることもある。

たとえば1年目に100個、2年目に80個、3年目に50個売れた商品の販売個数をグラフにすれば右肩下がりになっていく。

しかし、累積の販売個数をグラフにすると、1年目は100個、2年目は180個、3年目は230個となり、グラフは右肩上がりになる。欄外に小さく「※累積個数」と書いてあったとしても、一見すると販売数が伸びているように見える。

悪意をもって使えばデータの悪用だが、そうでなければ何を基準にデータをとるのかを工夫する価値はあるはずだ。

ネガティブワード防止にスマホを使う

ネガティブな言葉を使っているとプラスに考えられなくなり、やがて、ネガティブ・スパイラルに陥ることがある。それを防ぐには、まず重要なNGワードを使用禁止にするとよい。

それは、「どうせ」だ。「どうせ無理だよ」「どうせ私は」「どうせ意味がない」など、「どうせ」にくっつく言葉は、ネガティブな響きでいっぱいだ。つい使いがちな言葉なので、これをやめるだけでもネガティブフレーズは激減する。

ただ、使わないと決めるだけでは弱いので、おすすめは「どうせはNG」というフレーズをスマホのロック画面に使うといい。スマホを見るたびに心に刻まれるはずである。

問題解決ノートの右ページは空白にする

トラブルが起きたときはチャンスだ。トラブルのなかには、さまざまな成長の種が潜んでいる。問題を可視化し、それを解決していくことが大きな力になるのだ。

まず、問題解決ノートをつくってみよう。ひとつの問題につき、使うのは見開きひとつだ。起こった問題の原因と解決までの流れを左ページにまとめる。問題の経緯を1ページにまとめることで、改めて全体を見直し、要点を理解することができる。

さらに、右ページには、後日起きたことや判明したこと、万が一再発したときのメモなどを加える。書き続けるうちに、最強の問題解決ノートが完成するはずである。

三分割ノートで整理する

会議を最大限に有意義なものにするのが「コーネル大学式ノート作成法」だ。ノートを三分割して使うことで、みるみる中身が整理されていく。

まず、上から4分の3のところに線を引く。その上側のブロックの左から4分の1くらいに線を引いて、3つのブロックに分ける。

一番大きな右上のブロックは、会議中にふつうのノートとして使う。左のブロックはその際に浮かんだ疑問点や、キーワードになること、アイデアをメモしておく。下のブロックには、後で内容を振り返り、全体の要点を要約してまとめる。この作業をすることで、驚くほどすっきりと内容を整理することができる。

かしこい分析は「青ペン」がオススメ

手帳やノートにメモをとるときは、青ペンがオススメである。それには根拠がある。青は心理学的に人を落ち着かせる色なのだ。

色彩心理学はさまざまな場所で使われていて、建築デザインから企業のブランディング、販促活動などにも利用されている。青は冷静さや落ち着きを想起させ、駅に青色灯を採用したら人身事故が減ったというデータもある。

手帳やメモに記録する場合は、疑問やアイデアなどを書き留めるときに使ってみるとよい。見返したときに、青色の持つ心理効果が脳内をクールダウンしてくれるはずである。

読点を利用してアイデアを膨らませる

あなたに早く会いたい。
あなたに、早く会いたい。
あなたに早く、会いたい。

3つの文章の違いは読点の有無と位置だけだが、伝わってくる印象は明らかに違う。「会いたい」という言葉が、左にいくにつれて徐々に強調されて感じるのではないだろうか。

このやり方を利用して、何かアイデアが浮かんだらシンプルな文章にしてノートに書いてみる。そして、読点の位置をあれこれ変えてみると、イメージがじわじわと膨らんでくる。

成功体験にも分析ノートが必要

失敗したときにはあれこれ原因を探ったり、再発防止策を話し合ったりと、念入りに分析を加えることが多いが、成功したときは喜んでおしまいになりがちだ。

成功したときにこそ、その要因となったことを書き出しておこう。なぜ成功したのか、分岐点は何だったのか、危ないタイミングはなかったか。成功したいまだからこそ、落ち着いて振り返れることもある。

専用のノートを1冊つくって、どんどん書いていくだけでいい。失敗から学ぶことが多いように、成功した事例からもさまざまな学びを得ることができるのだ。

名刺はもう使えないと心する

大企業に勤めている、難関の資格をもっている、そんな肩書で尊敬された時代はもう過去のものになりつつある。インターネットの発達で世界の距離が縮まった現代では、たとえ日本のエリートであってもそれだけでは認めてもらえないのだ。

「あなたは何ができるの」「あなたは何をしてきたの」「あなたはどう考えるの」ということが常に問われる。背負っている会社の看板や肩書の力は、意味をなさない。手にもっている名刺に価値を持たせるのは、自分自身なのである。

作業時のＢＧＭにはクラシック音楽がいい

心身がリラックスしているとき、アルファ波という脳波の波形があらわれることはよく知られている。質のよい休息をとるために、アルファ波を出す音楽を聴いているという人もいるだろう。

じつは、アルファ波が出てリラックスしている状態は、アイデアを出すためにも最適なのだ。現にブルガリアの医学博士が「クラシック音楽を聴きながら学習すると学習効果が高まる」という研究結果を出している。

アルファ波が出る音楽の代表はクラシック音楽で、歌詞がなく、ゆったりと心地よいメロディが続く音楽は、脳をリラックス状態にしてくれる。作業時のＢＧＭはクラシック音楽一択なのである。

二元論は試行錯誤の敵になる

デジタル全盛の時代で、若者の間でフィルムカメラが流行している。インスタントカメラは「何が写っているか、現像するまでわからないのが楽しい」ということで人気だ。

新しいもの＝よいもの、古いもの＝不便で流行らない、という二元論で考えていたら、これらのヒット商品は生まれなかっただろう。

過去のものだと思えるようなもののなかにも、新しい価値観につながる可能性は眠っている。柔軟な発想力を鍛えるためには、単純な二元論にとらわれないことである。

思考の幅を広げる読み方とは？

「今日の読書とは、真の学問である」といったのは江戸時代の思想家・吉田松陰だ。読書は楽しいだけでなく、新しい知識やさまざまな考え方を得る究極の学びである。

学びという視点で考えれば、どんな本を読むのかが重要だ。避けたいのは、選書の段階で知識にバイアスがかかってしまうことだろう。

多くのものごとは多面的で、見方や立場によってさまざまな意見がある。できれば複数の本を乱読したい。

しかし時間が取れないという人もいるだろう。そんなときは、自分の考え方に近くて共感できるものをまず選び、その対極にある本を読むといい。

アナログ的スクラップブックで情報は見やすく

情報は、見やすく提示するのが絶対条件だ。そこで役に立つのがアナログ的な手法のスクラップブックである。

ノートを1冊用意したら、まず極力見開き単位でスクラップをまとめる。インターネットや雑誌、書籍などから集めた情報ならそのコピーを切り貼りする。思いつきや誰かの言葉であれば、メモして貼り付ける。

直接書き込まないのは、後から情報を整理して移動できるようにするためだ。見た目のきれいさは必要ない。見開きひとつで関連情報がひと目で見渡せるようにするのだ。自分へ向けてのプレゼンテーションとして考えればいいだろう。

メモに入れた日時が思考をつなげるフックになる

　アイデア帳を作るなら簡単なひと手間を加えてみたい。思いついたアイデアの日時を一緒に記録しておくのだ。

　日時は単なる指標ではない。そのアイデアが生まれた日や、その日にどんなできごとがあったかについての情報を付与することになる。

　たとえば、防寒グッズの新商品を思いついたとする。メモの日時を調べてみたら、その日は記録的な寒波が日本列島を覆っていたことがわかる。では、寒波が来てコンビニやスーパー、通販などでは実際にどんなものが売り上げを伸ばしたのか。

　日時を加えるだけで、アイデアが浮かんだ背景も一緒に記録できる。それが思考をつなげるフックになるのである。

空っぽの引き出しが混乱した頭を整理整頓してくれる

整理整頓が行き届いたところはじつに気持ちがいい。しかし、気持ちのよさよりも重要なのは効率がよいという点だ。

机の上がどうしても散らかってしまうという人は、机の引き出しをひとつだけ空っぽにするといい。できれば浅めの引き出しを空けておき、そこを書類の一時保存場所にするのだ。

未決、ペンディング、確認待ちの書類など、さまざまな事情で一時保存が必要な書類を一括して入れておくことで机の上は散らからない。その引き出しを一日に1回必ず整理してまた空っぽにすれば、処理を忘れることもない。

アイデアの種が生まれるICレコーダー操縦法

雑誌を読んでいるときにも、感想やつぶやき程度の思いつきは生まれるものだ。なかには、アイデアの種が含まれていることもある。これを細大漏らさず拾うために有効なのがICレコーダーだ。

雑誌を読むときは傍らにICレコーダーを置いておき、口をついて出た言葉やつぶやきを録音するのだ。そして、あとから文字起こしアプリなどにかければ、何気ない言葉をすべて書き起こすことができる。その中から、使えそうなネタをピックアップしてメモをしておくのだ。

専門的な雑誌や情報誌、ファッション誌などなんでもいい。つぶやくほどアイデアの種がどんどん生まれてくる。

リビングに辞書を置き、ハンディ辞書は持ち歩く

いまさら聞けない言葉に出くわすと知りたくなるものだが、そんなときはオフィスはもちろん、自宅のリビングに辞書を常備しておくといい。

自宅であれば、いつも座るソファーのそばやテレビの近くなど手が届く場所がいい。はじめて見聞きしたことや、意味があいまいな言葉などに出会ったらチャンスだ。即座に辞書を引こう。

外出先やオフィスでも、スマホでも調べることは可能だが、ネットにつなげてしまうとよけいなことまでしてしまう。ここはやはり、辞書に頼るのが正解だ。言葉の意味をはっきりと理解してインプットすることは、一段上の思考へつながるのである。

煮詰まったら思考の「しおり」を挟んで再開する

作業をしていると、どうしても先に進めないときや、よい考えが浮かばずに煮詰まってしまうこともある。そんなときは、ふせんやメモにそのことを書いて目につくところに貼っておこう。そして、きっぱりと忘れてしまうのだ。

行き詰まったことをメモした紙は、思考の「しおり」になる。本に挟んだしおりは読書を投げ出すわけではなく、いったん本を閉じて、また読み進めるための目印だ。仕事でも、そのしおりを目印にして時間を置いてまた始めれば、今度はうまくいくかもしれない。

◉参考文献

『「ひらめく」人の思考のコツ大全』（ライフ・リサーチ・プロジェクト編）、『奇跡を起こす　たった1ページのノート術』（知的生活追跡班編）、『図解　思考の幅が広がる！深まる！　モノの考え方』（ビジネスフレーム研究所編）、『大人の「勉強力」　このやり方だけマネすればいい！』（おもしろ経済学会編）、『たった3分で人生が変わる　秘密の自分ノート』（新井イッセー）、『明日が変わる　座右の言葉全書』（話題の達人倶楽部編）、『20代で知っておきたい！　一生の力になる言葉』（豊かな人生を生きる会編）、『子供の心に届く　「いい言葉」が見つかる本』（名言発掘委員会編）、『今日の自分を変える　一流の言葉365』（名言発掘委員会編）、『カーネギー、松下幸之助、ウォルト・ディズニー……奇跡をつかんだ失敗の顚末』（ライフ・リサーチ・プロジェクト編）、『手に取るようによくわかる！　他人の心理と自分の心理』（おもしろ心理学会編）、『データの裏が見えてくる　「分析力」超入門』（おもしろ経済学会編）、『1日1分の言葉の魔術　成功する人のルール』（新井イッセー）、『論理のスキと心理のツボが面白いほど見える本』（ビジネスフレーム研究所編）、『これだけは知っておきたい！　お金の常識力』（マネー・リサーチ・クラブ編）、『「結果」を出せる人だけがやっている秘密の「集中法」最強の「休息法」』（知的生活追跡班編）、『図解1分間ドリル　この一冊で「考える力」と話す力』が面白いほど身につく！』（知的生活追跡班編）、『図解1分間ドリル　この一冊で「学ぶ力」と「伝える力」が面白いほど身につく！』（知的生活追跡班編）、『図解1分間ドリル　この一冊で「読む力」と「書く力」が面白いほど身につく！』（知的生活追跡班編）、『図解1分間ドリル　この一冊で「モノ」と「思考」を整理する力がいっぺんに身につく！』（知的生活追跡班編）、『図解　できる大人の「モノの使い方」』（ライフ・リサーチ・プロジェクト編）